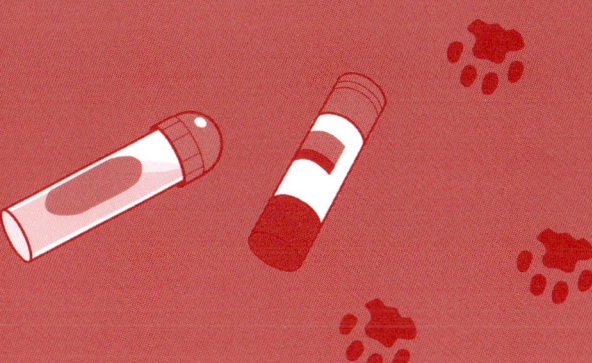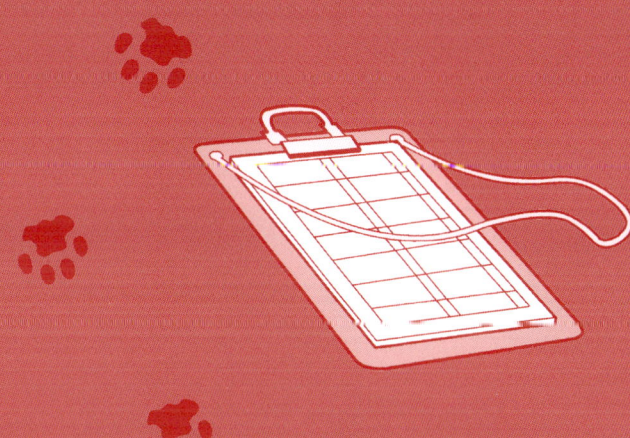

はじめての新聞学習

新聞ってなに？

構成・文●古舘綾子
絵●うしろだなぎさ

童心社

新聞なるほどラッキー7

はじめての新聞学習のスタートは、新聞を知ることからです。
新聞にどんな記事が書いてあるのか。どこにどんな記事がのっているのか。記事はどのようにして書かれているのかなど、新聞が作られるまでの話を中心にみていきましょう。
そうすると、ここに記したラッキー7がおとずれるかもしれません。

1 いま、がわかる

事件や災害だけでなく、物価や流行、最新の話題など、いま、世の中でなにが起きているかを知ることができます。

2 いろいろな仕事を知ることができる

さまざまな企業や福祉の仕事、さらには菓子を作る料理家など、自分の気になる職業について、知ることができます。

3 いろいろな場所や時間を楽しめる

新聞には、日本だけでなく世界中の記事、また、むかしのことや未来におこりそうなことまでのっているので、タイムスリップやテレポートした気持ちになれます。

4 ものごとの考え方が身につく

事実と意見のちがいがわかるようになり、自分の意見を伝える工夫も身につきます。

5 地理にくわしくなる

記事にのった都市や市町村の場所をおぼえると、学校で習う地理の勉強にも役立ちます。

6 日本文化や祭りにくわしくなる

日本各地に伝わる行事や祭りの記事を読むと、いい伝えやゆかりの話など、日本の伝統行事について学べます。

7 ほめられる

「新聞を読む＝新聞学習」なので、「勉強してえらい！」とほめられます。

新聞ってなに？ もくじ

新聞なるほどラッキー7……2

新聞をみると！
いちばん重要な記事は1面にある……6

どこにどんなニュースがある？……8

ニュースを報じるいろいろな新聞……12

いざ、というときは「かべ新聞」？……14

発見！ 新聞の「あれ！」なんでだろう？……16

新聞はいつからはじまったのか？……18

テレビやラジオなどとのちがい……20

新聞作り

新聞がとどくまで……22

ニュースが生まれるところ……24

ニュース記事を作るところ……26

たくさんのニュースから記事を選ぶ……28

海外のニュースを伝える仕事……30

記者のワザ

書くときと読むときのワザ……32

記事を目立たせるワザ……34

読んでもらうワザ……36

記事のまちがいを防ぐワザ……38

ニュース（新聞）を早くとどける工夫……40

インターネットでためし読み！……44

新聞コラム かわら版……42

さくいん……46

新聞をみると！

いちばん重要な記事は1面にある

新聞にどんなことが書いてあるのか、まずはそのことを知るために、新聞をひろげてみましょう。本と同じようにページがふってあり、それぞれに異なる内容の記事がのっていることを確認しましょう。

1面に書いてあること

新聞の最初のページを1面といいます。本でいうと表紙のような部分です。

ここには、その日いちばんたいせつなニュースと新聞社がいちばん伝えたいことがのっています。事件の記事やスポーツの記事など、いろいろな記事がのりますが、1面にのる基準は、その日もっとも重要なニュースであるということです。

この1面には、もくじものっています。もくじを見れば、その日の大きなニュース記事がなんであるかもわかります。また特ダネといわれる、まだほかの新聞にのっていない重大な報道や最新のニュース記事がのるのもこの1面です。

そのほかにはいつ、どこの新聞社から発行されたなど、新聞に関するたいせつな情報ものっています。

トップ記事
その日いちばん重要なニュース。

見出し
目立つように工夫した記事のタイトル（34ページ参照）。

題字
新聞の名前。

発行日
新聞が発行された日付。

発行所
新聞を作った会社名と住所など。

もくじ
その日の紙面のおもな内容。数字は面数。

サード記事
3番目に重要な記事。線で区分けしているので、かこみ記事（たたみ記事）ともいう（34～35ページ参照）。

コラム
新聞社の意見やできごとの解説（9ページ参照）。

本日、わが社はこのニュースを選びました！

面数
本のページ数と同じで、ページをめくるごとに2面、3面とつづく。2面以降には総合面、政治、国際、スポーツなど、数字の近くにその面の内容が記されている。

版数
その日何回目に印刷したかをあらわす。版がちがうと内容が一部かわっていることもある（40ページ参照）。

号数
創刊してからの号数。

リード
内容を短くまとめた前文（36ページ参照）。

セカンド記事
2番目に重要な記事。

段
毎日新聞の場合、1ページ15段で1段の行数が73行。1行の文字数は10字。

天気
全国各地の当日と数日先の天気予報。

書籍広告
17ページ参照。

7

新聞をみると！

どこにどんなニュースがある？

新聞の1面は料理でいうとメインディッシュ！ 新聞社が選んだいちおしの記事、しかも重要な記事が1面にあることがわかりました。では、2面以降の新聞の内容は、どうなっているのでしょうか。

新聞のどこにどんな記事がのっているか、みなさんもだいたいは想像がつくでしょう。面の構成順は、日によってもちがい、新聞によってもちがっていますが、だいたいの面の構成は、つぎのようになります（例は毎日新聞より）。

総合面

総合面はいまの世の中を知るためのいろんな記事がある。1面に書き切れなかった記事もここにのる。記事の解説などもある。政治のニュースもここにのる。国会の動きや議員の活動のほか、総理大臣の1日の行動などものっている。

どれどれ、ねこにもお得なニュースは？

8

新聞の前のほうにのる記事

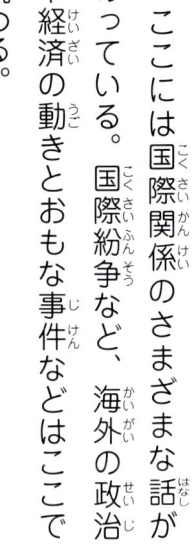

国際面

ここには国際関係のさまざまな話がのっている。国際紛争など、海外の政治や経済の動きとおもな事件などはここで読める。

経済面や企画記事

経済の動きや企業の活動、株式市場など、経済にかかわる記事が中心にのっている。お菓子を作る会社、本やゲームを作る会社の情報もここにのる。
企画記事は、客観的事実を伝えるニュースとはちがい、記者の意見や感想をまじえた記事になっている。

社説やコラム

社説は新聞社の意見で、特定のできごとについて、新聞社の考えやできごとの背景の解説などが書かれる。コラムも書くひとが自分の考えを述べている。

社説やコラムは、文章力のすぐれたベテランの社員や外部の専門家が書いている。

新聞の中ほどにのる記事

くらしの情報面

医療や教育に関すること、料理やファッション、映画の情報など、生活に密着した情報がのる。

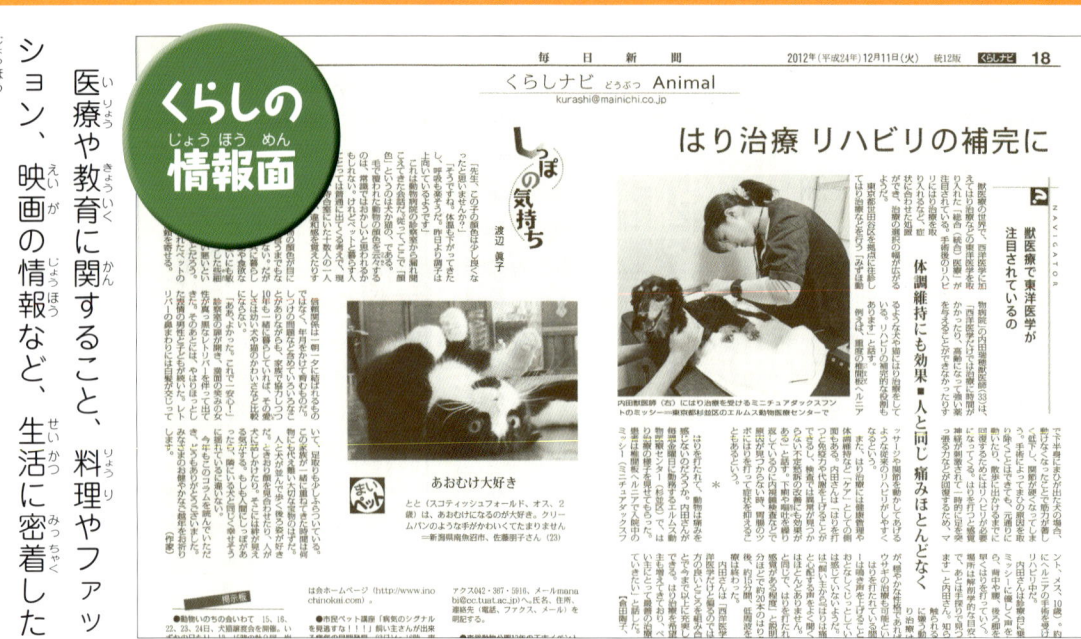

特集記事や広告、ラジオ番組など

特集記事は、その時期に関心の高いテーマがのることが多い。環境や医療、教育や伝統芸能など、いろいろなジャンルのテーマを特集する。

おまけメモ　新聞の大きさと重さ？

毎日新聞を例にとると、紙面の大きさはタテ546ミリ、ヨコ406.5ミリ。記事ののっている部分の大きさはタテが521ミリ、ヨコが一般ニュースで381.9ミリです。新聞の重さは、32ページだと154.2グラムあります。そのうちインクの重さが1.5グラムをしめています。

新聞のうしろのほうにのる記事

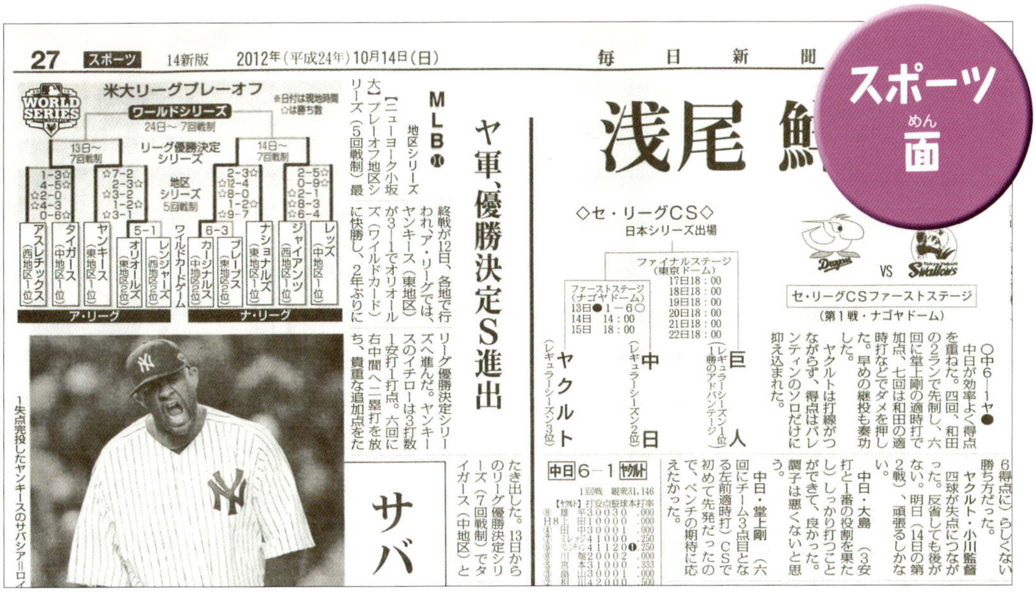

スポーツ面

小学生も関心が高いサッカー、野球、水泳などのほか国技である相撲などスポーツが中心。大きな国際大会や選手個人のインタビュー記事ものる。

地域面

地域の知りたいニュースはここを見よう。自分たちの学校の記事や近所の話題がのっていることもある。また地域のイベント情報などものる。

近所のねこの話題はここかにゃ！

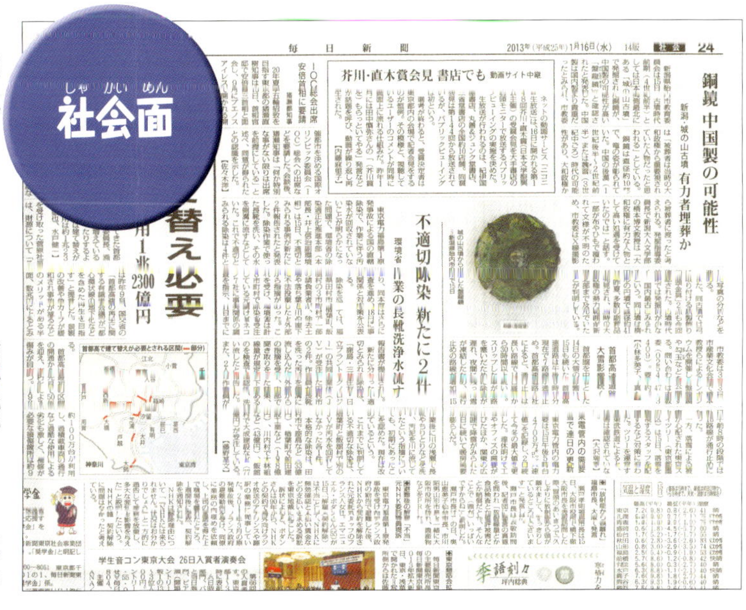

社会面

最新のできごとと、小学生からお年寄りまで、みんなに関心をもってもらえる身近な記事が多くのる。またこの面には、4コママンガも多い。

テレビ番組表

テレビ番組の放送予定表。

ニュースを報じるいろいろな新聞

みなさんの家にとどけられる家庭向けの新聞を一般紙といいます。新聞は、そのほかにもたくさんの種類が発行されています。発行されているおもな新聞とその特徴をみてみましょう。

全国紙と地方紙

全国を対象に編集・発行するのが全国紙で、ある地方に住むひとを対象に編集・発行するのが地方紙です。朝日新聞、毎日新聞、読売新聞は三大紙とよばれる全国紙です。
地方紙は各都道府県にあります（29ページ参照）。

専門紙（業界紙）

運輸や水産、農業など、それぞれの業界ごとに発行されています

菓子食品新聞は、お菓子を中心とした食品のニュースを記事にする専門紙。

る新聞です。全国紙と地方紙は一般紙とよばれるのに対して、専門紙、または業界紙とよばれます。

スポーツ紙

専門紙のひとつです。野球やサッカーなど、スポーツ全般をとりあつかう新聞です。そのほかに、釣りや旅行などの娯楽情報ものっています。

趣味の新聞

専門紙のひとつです。囲碁や将棋、釣りなど、趣味をテーマに新聞を発行しています。

小学生新聞

小学生のみなさん向けに、記事をわかりやすく書いています。中学生向けの新聞もあります。

点字新聞

目の不自由なひとのための新聞です。指でさわって読むことができるように、点字で書かれています。

外国語の新聞

日本に住んでいる外国人向けの新聞で、英語やハングルや中国語の新聞などもあります。

毎日新聞が発行する小学生新聞。漢字にはふりがながふられ、漢字の苦手な小学生でも読みやすい。

ねこの新聞もあるのかにゃ？

13

いざ、というときは「かべ新聞」？

いろいろな新聞が作られていることがわかりました。でも、もしも大災害などで電気がとまってしまったら、どうなるでしょう。印刷工場もストップします。そんな災害時の新聞を考えると、新聞作りの原点がみえてきます。

東日本大震災の翌日に作られた石巻日日新聞社のかべ新聞（号外）。

災害が発生したら……

新聞には、いろいろな種類があり、それぞれに読者がいて、その読者に向けて記事が書かれています。どの新聞も社会での役割があり、大量の部数を作りますから、大きな印刷機で印刷されて、読者にとどけられます。

しかし、大地震などで電気や通信網、交通機関などが使えなくなったとしたらどうなるでしょう。

印刷もできません。パソコンも使えません。配達もできません。そうした状況は、2011年3月に起きた「東日本大震災」のときの東日本各地の状況と同じです。

このとき、新聞の役割や使命を考えるうえで、たいへん重要なことがありました。

被災地をささえた「かべ新聞」……

東日本大震災のときに、津波で被災した地域で「かべ新聞」が作られました。

14

かべ新聞（号外）を作る石巻日日新聞社のひとたち。

かべ新聞を見る石巻市のひとたち。電気などが復旧するまでの期間、かべ新聞は石巻市民に貴重な情報を伝えた。

ペンと紙があれば、ニュースはとどけられるにゃ！

そのかべ新聞は宮城県石巻市の石巻日日新聞社が作ったもので、新聞社の人たちが紙とペンだけで、手作りしたものでした。完成したかべ新聞は、避難所やコンビニエンスストアなどに貼り出され、地域の人びとに正確な情報を発信し、二次災害の防止などにたいへん役に立ったのです。

機械で印刷ができるようになるまでの6日間作り続けられ、被災地の人びとの生活をささえました。

みなさんが学校で作る新聞とかなりにていませんか。学級新聞や学校新聞などは、みなさんの手作りです。石巻日日新聞社の行動からは、自分たちの作る新聞で、だれに、なにを伝えるか、という新聞作りの原点を学べます。

15

発見！新聞の「あれ！」なんでだろう？

発見1 なぜ、家まで配達されるの？

日本では、新聞は最初から配達をする商品でした。報道機関のニュースは①内容が古くなりやすい②日によって内容がことなる③在庫ができない、といったことがあります。そこでほかの商品のように店で並べて買ってもらうのを待つのは、新聞には適さないと考えられたからです。

発見2 あれれ、題字の色がちがう!?

たとえば毎日新聞ですと、通常は題字をブルーで印刷しています。しかし、「みどりの日」には、題字をグリーンで印刷しています。

これは、新聞社が「生命をはぐくむ地球を大切に」を基本理念にかかげ、環境問題への取り組みをメッセージとして、色づかいにも表現しているためです。

発見3 紙面のギザギザなんのため？

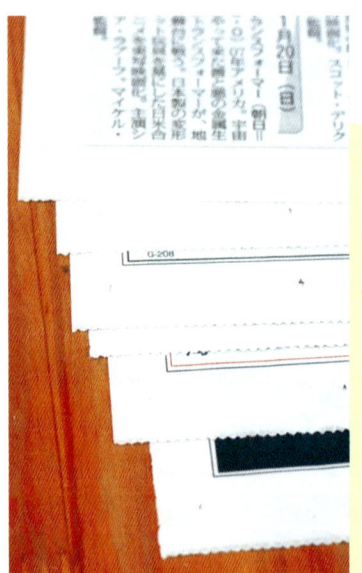

新聞を印刷する機械を輪転機といいます。輪転機は、1時間に32ページの新聞を15万部以上印刷します。その輪転機にとおす新聞用紙は、トイレットペーパーのようにロールになっています。この用紙を新聞の縦の長さに切るときのカッターの形がこのギザギザです。アルミホイルのギザギザと同じです。

新聞のいちばん下に8か所ある穴は、カッターで切るときに新聞をおさえる針の穴です。

発見4 1面の下には書籍の広告が多いのはなぜ？

全国紙の1面の下には、書籍や雑誌の広告が入っています。なぜ、書籍や雑誌なのでしょうか。

じつは、はっきりとした理由はわからないのですが、書籍や雑誌も新聞と同じ活字の文化の担い手です。そこで同じ目標をもったもの同士がたがいに協力し合い、活字の文化を育てて行こうと考えたのではないかといわれています。

毎日新聞

学ぶ 育てる ＊ sodateru@mainichi.co.jp

裁判官にも投票するの？

12月16日投票の衆議院議員選挙と同時に、最高裁判所の裁判官に対する国民審査が行われます。裁判官が「憲法の番人」にふさわしいかどうかを国民がじかに判断するただ一つの大切な機会ですが、残念ながら制度への理解は十分に広まっていないようです。

教えて！デスク

最高裁の15人を国民が審査。制度への理解が広がらず、形ばかりと批判もあります。

■答える人 松下英志

毎日新聞東京本社社会部デスク。入社25年目で検察や裁判、調査報道を長く担当。青森支局、福岡本部でも勤務し、昨年度は被災地の福島支局に3度、応援に行きました。四国・高松出身。好物はもちろん讃岐うどん。

「×」が過半数ならやめさせられる

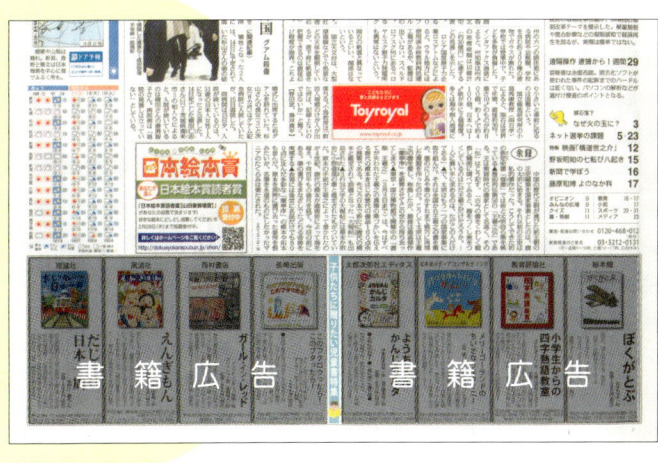

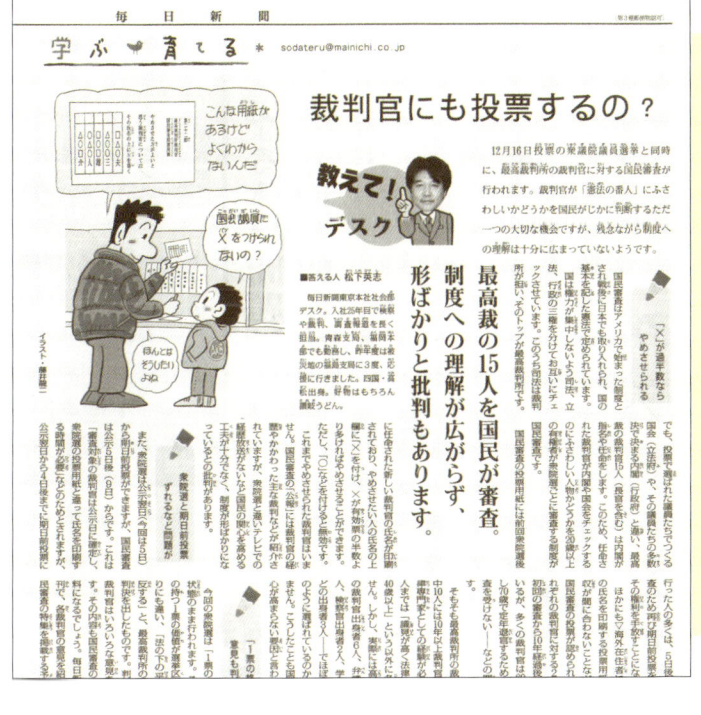

発見5 子ども向けの記事はないの？

あります。毎日新聞を例にとると、「学ぶ　育てる」というコーナーが子ども向けに意識して作られています。また毎週日曜日の「教えて！　デスク」では、いま話題となっているテーマを解説しています。

朝日新聞では「しつもん！　ドラえもん」、読売新聞では「ポケモンといっしょにおぼえよう！もっと四字熟語」などのコーナーがあります。

（各新聞社のコーナーは、2013年2月現在）

発見6 号外はいつ出るの？

①午前9時前後の通勤時間帯をねらってくばる。
②夕刊に間に合わなかった重大ニュースを午後3時から午後8時までの間にくばる。

このふたつのパターンで出ます。号外は、定期以外に発行する新聞です。重大ニュースがあったときに出ます。

なぜ、①と②の時間帯になるかというと、新聞の印刷工場では午後9時から午前2時まで朝刊、午前11時から午後2時まで夕刊を印刷しています。この時間帯以外が号外を印刷できる時間帯です。そのため①②のふたつのパターンになるのです。

①のパターンはめったにありませんが、昭和天皇が亡くなられたときは、朝の通勤時間に号外がくばられました。

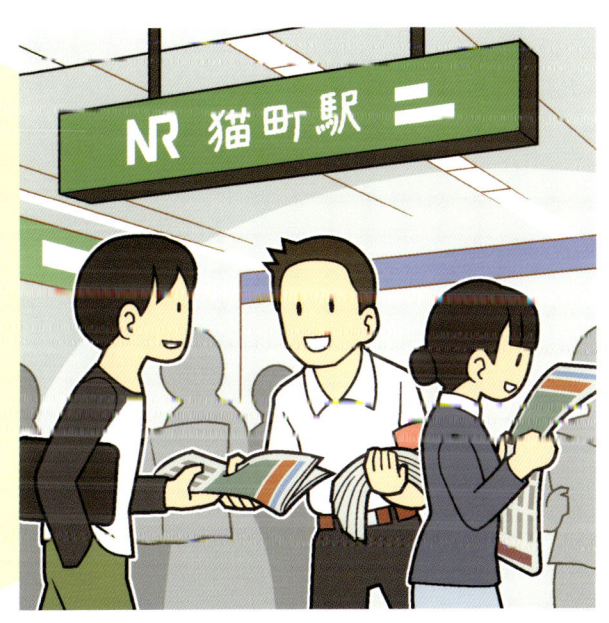

新聞はいつからはじまったのか？

日本の新聞の歴史は、それほど古くはありません。では、いつごろ、どのような理由で作られるようになったのでしょうか。

最初は江戸時代のかわら版？

江戸時代には、大勢のひとにできごとを知らせる方法がありました。それが紙1枚でできた「かわら版」です（くわしくは42ページ参照）。

江戸時代の人びとは、かわら版を読むことで、各地のできごとを知りました。おもに地震や洪水、火事といった災害や事件で、そのほかに象がやってきたとか、めずらしいできごとがかわら版となりました。かわら版は、人通りの多いところで売られていたようです。

やがて定期刊行物としての性格をもつようになりますが、かわら版が明治時代初期の新聞に継承されることはなかったようです。

新聞の登場

明治時代になると、日本各地で新聞が発行されるようになりました。はじめて毎日発行されるようになったのは1871年の「横浜毎日新聞」からです。おもに政治が中心の記事で漢字も多く「大新聞」とよばれました。やがてひらがなや漢字にふ

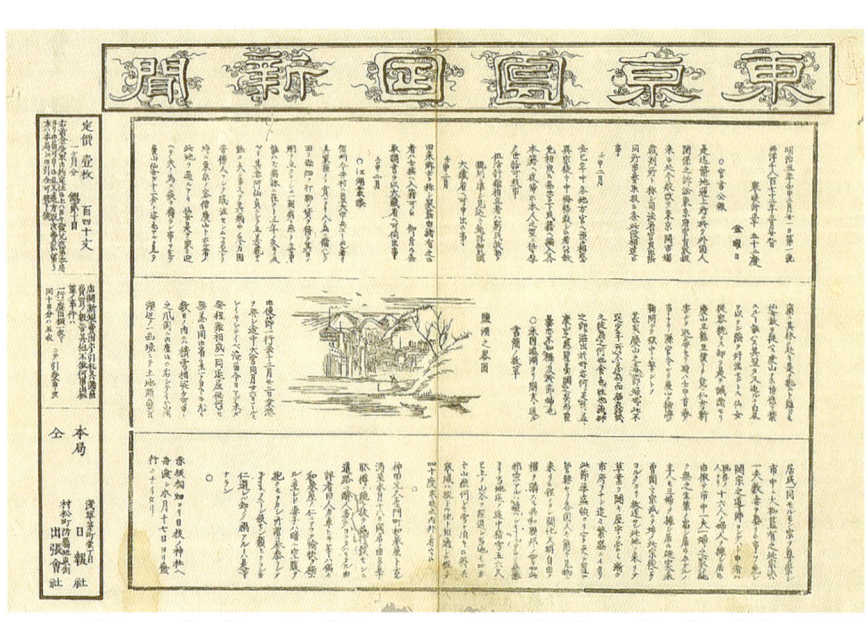

1872（明治5）年2月21日に創刊された「東京日日新聞」の第1号。現在の毎日新聞のもととなった新聞で、木版刷りだった。1枚だけの新聞で約1000枚発行した（日本新聞博物館蔵）。

りがなをつけ、身近な情報を記事にした新聞が登場して、多くのひとに読まれるようになりました。

大正時代には、新聞社の組織もかたまり、夕刊を発行するようになりますが、昭和の時代になって第二次世界大戦がはじまると、紙が不足したり、軍部に管理されて自由な報道ができなくなりました。

戦後は、ふたたび自由な報道ができるようになり、夕刊も復活し、ページ数も増えました。現在は、新聞だけでなくインターネットなどでもニュースを配信しています。

明治時代の錦絵新聞（「郵便報知新聞」、日本新聞博物館蔵）。

> こわーい新聞では、ありません。

おまけメモ　ガイコツが作った新聞？

なにやら怖ろしい感じがしますが、宮武外骨というひとが作った新聞です。「屁茶無苦新聞」や「滑稽新聞」といったいろいろな新聞を作り、権力に屈しない新聞として知られました。明治時代の終わりころのことです。宮武外骨は、人びとの関心をひくためにパロディ（風刺や滑稽）とユーモアをとりいれ、自分で新聞を発行し、世の中の不正とたたかいました。

「屁茶無苦新聞」（東京大学大学院法学政治学研究科附属近代日本法政史料センター明治新聞雑誌文庫蔵）。

テレビやラジオなどとのちがい

新聞社やテレビ局、ラジオ局などを報道機関といいます。最近はインターネットもふくまれるようになりました。

では、新聞とほかの報道機関の報道とは、どのようなちがいがあるのでしょう。

テレビやラジオとのちがい

新聞は紙に印刷されているので、本と同じように記録性にすぐれています。つまり、テレビやラジオとちがって、記事を切りぬいてスクラップすることができます。記事をスクラップすれば、何度も読み直すことが可能です。

これに対して、テレビやラジオは、記録性よりもインターネットのニュースと同じように速報性にすぐれています。たとえば大きな地震が起きたとき、

テレビやラジオではすぐに報道されますが、新聞ではそうはいきません。ただし、新聞にのるときは、地震のくわしい情報がのるようになります。

また、NHK以外のテレビとラジオは無料で見たり聞いたりできますが、新聞は有料であることも大きなちがいのひとつです。

インターネットのニュースとのちがい

新聞は、記事を書いてから読者の手元にとどくまで時間がかかりますが、インターネットは、情報の発信が早く、新しい情報をすぐに見ることができます。

新聞社の運営するインターネットのニュースは、原則としては新聞にのった記事が掲載されますが、画面は1日に何度か新しくなるため、新聞に掲載されなかった記事ものっています。

そのほかには、新聞は見出しに強弱（大きいとか小さい）がついていますので、ニュースの重要度がひと目でわかります。いっぽうインターネットは記事の大きさにあまり強弱がないため、どのニュースがいちばん重要なのかといったことが、画面からはわかりずらいことがあります。

また新聞は、広げて読むことで、いろいろなニュースをひと目でみることも可能です。

おまけメモ　古紙として利用される新聞

包み紙、袋、ぬれた靴にいれて乾かすなど、古紙としては、新聞がいちばん利用されている。

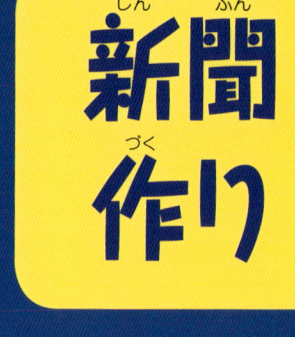

新聞作り

新聞がとどくまで

ここまで、新聞がどんな構成になっていて、どんな種類があるか、などをみてきました。では、新聞作りの工程とわたしたちの家にとどけられるまでの、おおまかな流れをみてみましょう。

記事を作る

取材（調べたり、ひとに話を聞く）をして、記事を書くための材料を集め、原稿を書く。

いそがしい新聞社のひとはねこの手もかりたい？

配送

刷りあがった新聞は、トラックに積まれて全国各地の新聞販売店へとどけられ、各家庭に配達される。

家庭

22

原稿のチェックをする

書きあげた原稿の事実関係にまちがいがないか、字にまちがいがないか、内容に不足がないかどうかをチェックする。確認のため、もういちど取材することもある。

紙面を作る

どの記事をどの面にのせるかを話し合う。記事や写真の重要さを検討し、記事と写真の入れる位置を決め、紙面を作る。この段階で、記事の見出しなども決める。

専門のひとのチェック

書かれた記事の内容や文字や数字のまちがいがないように、専門の担当者がチェックする（27ページ参照）。できあがった紙面のデータは、コンピュータを通じて各地の印刷工場に送られる。

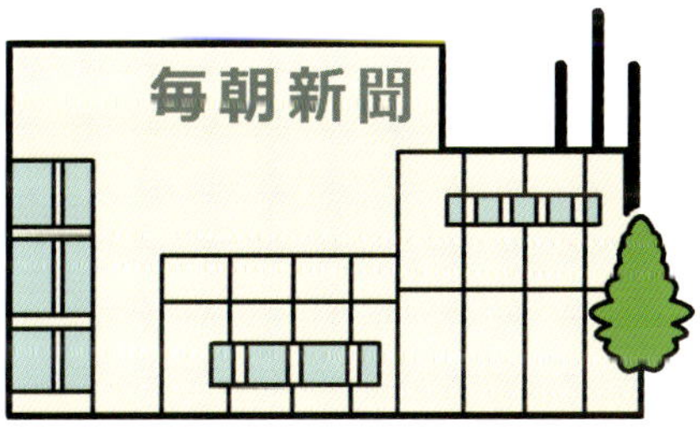

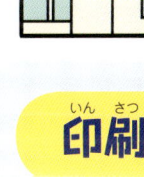

印刷をする

送られてきた紙面のデータを印刷用の版にする。版がそろったら輪転機とよばれる印刷機で印刷。最大で、1時間に約15万部を印刷することができる。

新聞作り

ニュースが生まれるところ

新聞にのる記事は、社会の動きを取材して書く記事と新聞社が企画を立てて書く記事に大きくわけられます。どちらも調べごとやインタビューなど、取材はかかせません。

ふだんの社会生活

○○動物園で子ウマが生まれました。名前を募集しています、というニュースを取材。

役所などの官公庁

つぎにニュースが多いのは官公庁です。官公庁からは、いろいろな決まりごとや政策などが発表されるからです。そこで、官公庁専門に記事を書く取材記者がいます。

みなさんも文部科学省や経済産業省、農林水産省といった官公庁の名前を聞いたことがあると思います。そうした国の大きな役所には、それぞれにマスコミ向けにニュースを発表する場所が設けられています。

そこでは日々、いろいろなニュースが発表されています。

そのうち、とくに新聞にのせて一般のひとたちに知ってもらいたいと思ったことは、記事に書いて新聞にのせています。

でも、同じニュースでも記者によってはのせる記者とそうでない記者がいます。それぞれの取材記者が、自分でそのニュースが重要かどうかを判断しているのです。

24

新聞社の意見でもある企画

わたしたちの社会生活では、毎日、たくさんのニュースが発生しています。
新しい鉄道の開通とか、日本人の宇宙飛行士誕生といったうれしいできごともありますが、台風や地震などの災害、それに火事など、人間のいのちにかかわるできごともあります。わたしたちの生活にかかわるもので、とくに重要で、人びとの関心の高いできごとは、取材をして新聞記事になります。

新聞社が人びとに伝えたいことを企画して取材。

新聞にのるニュース記事は、社会で起きたできごとを伝えるのが中心ですが、企画を立てて書くニュース記事は、あらかじめ新聞社で決めたテーマを取材してのせるものです。
たとえば、世の中で災害への関心が高まっているようなとき、新聞社が災害について企画したとします。そのときは日常の家庭での備え、防災訓練の方法といったものを取材し、記事を連載したりして、読者に防災への関心を高めてもらうことを目的にしています。

教育に関する法律が変わりました。という発表の取材。

25

新聞作り

ニュース記事を作るところ

取材して書いた原稿は、新聞社内できびしいチェックを受けて、はじめてニュース記事になります。

記事を書く（情報の収集役）

政治、経済、社会、文化、スポーツ、趣味などのできごとに対して、それぞれに専門の取材記者がいます。

たとえばスポーツの担当者ですと、サッカーの試合があれば、その試合を観戦して、勝敗だけでなく、勝った要因、負けた要因、監督の感想などを自分で取材して記事を書いています。

また、事件や事故は、いつ、どこで発生するかわかりませんから、取材記者は24時間体制で、交代で仕事についています。

できた記事の内容についてチェックするひとをデスクとよびます。現場には行かず、机（デスク）で仕事をするためです。デスクは、ニュースの重要性を判断して紙面の大きさを決めたり、もう一度取材するように記者に指示したりします。

記事をチェックするデスク。

取材したひとに、もういちど内容を確かめる取材記者。

編集をする（原稿の交通整理役）

つぎにデスクから送られてきた記事の大小を決めたり、写真の配置を決めたりする仕事が整理記者とよばれるひとの仕事です。見出しをつけたりして、読者の目にとまる工夫も整理記者の腕のみせどころです。編集会議で決まったことを具体的に紙面にわりつける仕事です。

写真の位置や見出しの書体などを決める整理記者。

まちがいを直す（原稿の見張り番）

新聞にのせる記事と、その大きさがほぼ決まると今度は、文章のまちがいなどをチェックする作業が加わります。そのまちがいをチェックするひとを校閲記者といいます。

校閲記者はたくさん辞書をつかって、誤字、脱字だけでなく、正しい表現かどうかもチェックします。まちがいを逃さない、原稿の見張り番ともいえます。

新聞にまちがいがのらないようにチェックする校閲記者。

27

新聞作り

たくさんのニュースから記事を選ぶ

ニュースが記事として新聞にのるには、基準があります。また、読者によってものせる基準がことなります。

大きな火災を報じた2月10日の毎日新聞の1面。毎日新聞は、全国三大紙のひとつ。全国紙とは、日本全国を対象にして編集・発行される新聞のこと。左ページの秋田県の秋田魁新報とくらべると、同じ日の1面の記事のちがいがわかる。

記事を選ぶ新聞社の基準

新聞社が新聞に記事をのせる基準はなんでしょうか。記事にするときは、どんな判断をしているのでしょうか。

ここでは、全国で販売されている日本の三大新聞のひとつ毎日新聞を例に、新聞社が記事にするときのおおむねの基準を紹介します。

◆読者にとって重要なこと

人びとの関心が高いできごとと、社会への影響力があるできごと、たとえば大事件や選挙やオリンピックの金メダル獲得などを選んで記事にします。

◆新しいできごと

新しい星の発見など、まだ大勢のひとが知らないことは、ニュースになります。もともとニュースという言葉は英語からきたもので、新しい話という意味もあります。

◆命にかかわるできごと

人命はもっとも尊いものなので、事故や事件が人間の命にかかわるできごとで、緊急性があることが基準です。

28

地元の秋田県湯沢市の小正月行事「犬っこまつり」を報じた秋田魁新報の2月10日の1面。秋田魁新報は秋田県の地方紙で、地元のニュースを中心に報じる。都道府県より広いエリアを対象に報じるのはブロック紙とよばれる。

◆記録にのこす価値があること

新聞には、時代ごとの歴史が記録されます。つまり記録する価値があるできごと、ということです。

◆国際性があること

世界の動きを知るできごと、ということです。

新聞の読者によってことなる基準

また、なにをのせ、なにをのせないかは、全国にくばられる新聞と特定の地域だけにくばられる新聞でもちがいます。つまり、新聞がどこの、だれに向けて作られているかによっても、のせる記事のあつかい方がちがってきます。

上のように、同じ日の全国紙と地方紙の1面を比較すると、そのちがいがわかります。

おまけメモ　新聞社に集まる文字量は？

1日に新聞社に集まるニュースは、文字にすると約80〜90万字になります。これは400字詰めの原稿用紙で、2000枚以上になります。このたくさんのニュースが新聞社の編集会議にかけられて、約3分の1になります。文字にすると約30万字です。

新聞作り

海外のニュースを伝える仕事

多くの新聞社では、海外に取材記者をはけんしています。

そのひとたちは、特派員とよばれます。

特派員のほかに、海外のニュースをとどけてくれるのが、通信社です。

新聞社と通信社のちがい

通信社は世界中にたくさんあり、新聞社と同じような仕事をしています。新聞社のほかに、マスコミや企業にもニュースをとどけています。取材がむずかしい地域のニュースを大手新聞社が取材しないニュースなどが充実しています。

では、通信社と新聞社のちがいはなんでしょうか。じつは、通信社は新聞社やテレビ局にニュースを配信していても、新聞は作っていないのです。

新聞のなかで、どの記事が通信社のものか、わかりますか？

たとえば新聞記事の最初に［ワシントン共同］とあれば、日本の共同通信社のワシントン支局からのニュースということになります。また掲載されている写真にも［ロイター］とか［AP］とかの記述があれば、海外の通信社の写真であることがわかります。

もちろん日本の通信社は、日本の情報を国内や海外にも送っています。

新聞社のなかの外信部

特派員や外国の通信社から日本の新聞社にとどいたニュースは、新聞社のなかの外信部に集められます。外信部では、ニュースを整理して原稿を書きます。また外国語のニュースは日本語に翻訳します。

海外のニュースは、昼夜に関係なく送られてくるため、外信部は24時間体制で世界とつながっています。

毎日新聞社の外信部。うしろにはワシントン、モスクワ、ロンドンの現地時間をしめす時計があり、世界地図も貼られている。

30

世界のおもな通信社
ロイター通信社（イギリス）
EPA通信社（ドイツ）
AFP通信社（フランス）
イタルタス通信社（ロシア）
インテルファクス通信社（ロシア）
新華社通信（中国）
共同通信社（日本）
時事通信社（日本）
聯合ニュース社（韓国）
AP通信社（アメリカ）
UPI通信社（アメリカ）
（通信社名は、2013年1月現在）

通信社からのニュースの流れ
通信社の記者
日本の通信社
外国の通信社
新聞社の特派員
毎朝新聞
日本の新聞社
通信社の記者
新聞の読者

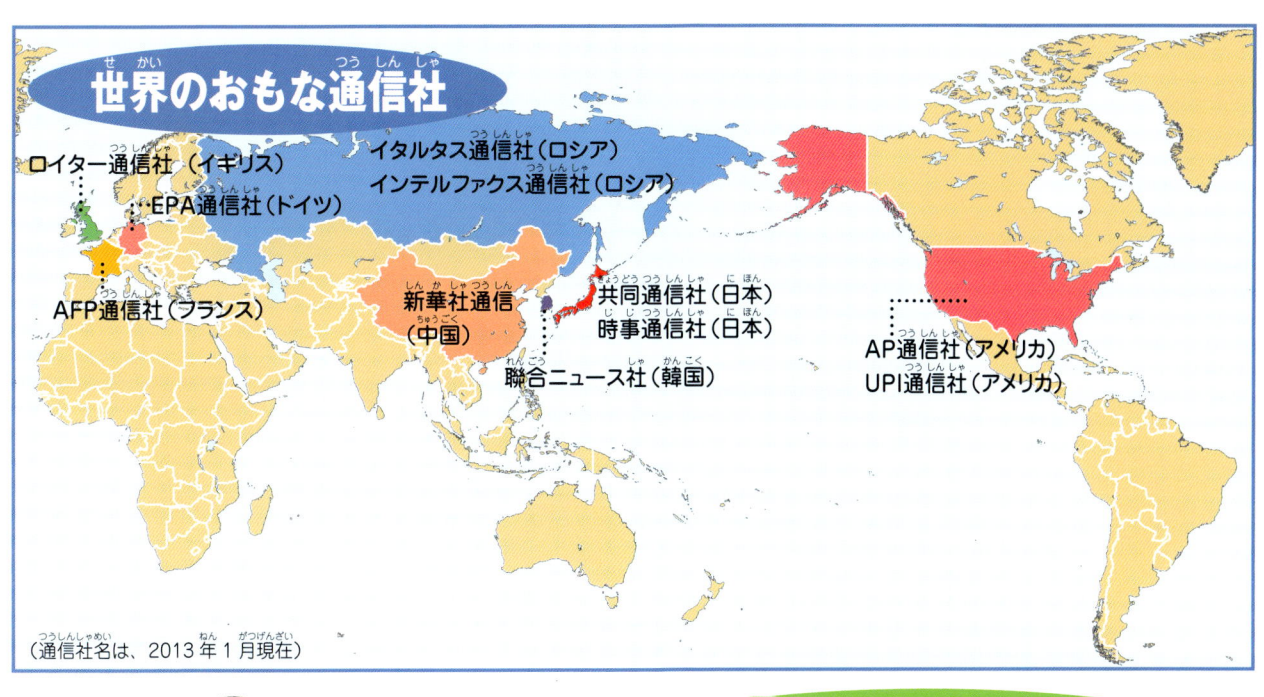

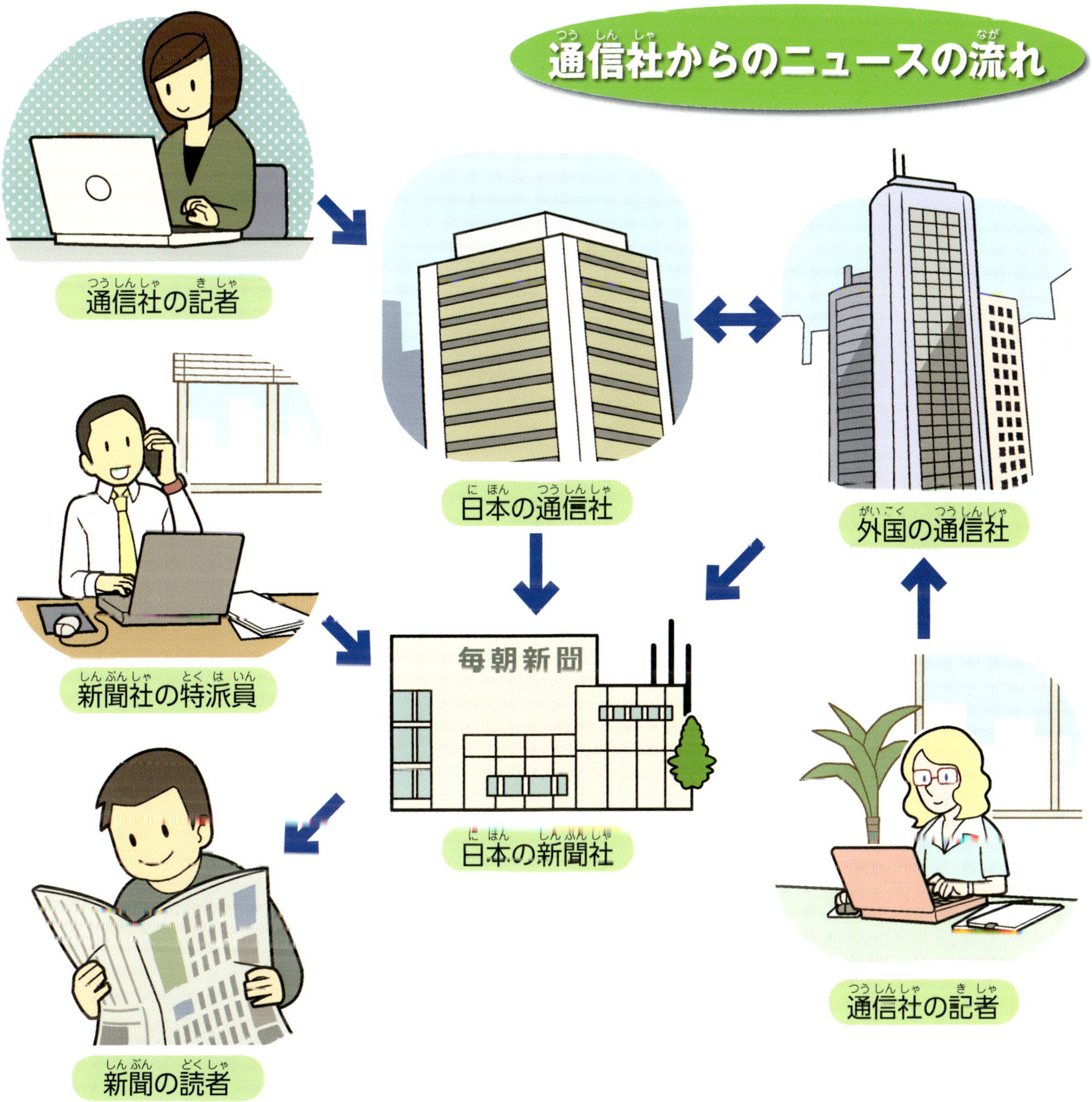

記者のワザ

取材記者が新聞に記事を書くには、ワザがあります。取材記者がよく使うワザをみてみましょう。

書くときと読むときのワザ

書くときのワザ

ニュースの記事には、取材記者が客観的な目でみて書く「ものごとの事実」を伝える記事がありました。この記事は新聞記事の多くをしめています。

ここでは、新聞記事の中心となる「ものごとの事実」を伝えるときに、取材記者の書き方の注意点を紹介します。取材したことを書くとき、取材記者は下記の6つの項目を頭に入れて原稿を書いています。（『はじめての新聞学習 新聞を作ってみよう！』に、くわしい解説があります。）

いつ？ (WHEN= ホエン)	どこで？ (WHERE =ホエア)	だれが？ (WHO= フー)	なにを？ (WHAT= ホワット)	なぜ？ (WHY= ホワイ)	どのようにした？ (HOW= ハウ)

これを5W1Hといいます。この6つのことを文章に入れて書けば、ニュースを正確に、わかりやすく伝えることができます。たとえば、それぞれに文章を入れてみましょう。

いつ？ (WHEN= ホエン)	どこで？ (WHERE =ホエア)	だれが？ (WHO= フー)	なにを？ (WHAT= ホワット)	なぜ？ (WHY= ホワイ)	どのようにした？ (HOW= ハウ)
平成猫年〇月×日	猫町小学校で	全校児童が	津波避難訓練をした	避難場所の確認と津波の危険からのがれるために	学校のうらの福猫山にのぼった

それぞれの例となった文章をつなぐと、つぎのように伝えたいことが文章になります。

平成猫年〇月×日 猫町小学校で 全校児童が 津波避難訓練をした 避難場所の確認と津波の危険からのがれるために 学校のうらの福猫山にのぼった

このままでは読みずらいので、これに少し手を入れてみましょう。

平成猫年〇月×日、猫町小学校で避難場所の確認と津波の危険からのがれるために、全校児童が津波避難訓練をおこない、学校のうらの福猫山にのぼりました。

となり、文章ができあがります。

読むときのワザ

じつは5W1Hは、読むときも役立ちます。読むときで？ だれが？ いつ？ どこで？ どのようにした？ なにを？ なぜ？ どのようにした？ これを実際の新聞から読みとると、新聞記事になにが書かれているかがわかりやすくなります。下の新聞記事を例に、実際の5W1Hをさがしてみましょう。

新聞記事の要点がつかめたら、こんどは、新聞記事がなにをいちばん読者に伝えたかったかを考えてみます。

たとえばその記事は〈どこで？〉つまり場所がいいたいのか。〈だれが？〉つまり人物を特定することが大事なのか。〈なぜ？〉理由がだいじなのか。といったことを考えて読むようにすると、文章の読解力がつきます。

どのようにした？
（方法がわかる）

なにを？
（目的がわかる）

だれが？
（人物がわかる）

なぜ？
（理由がわかる）

いつ？
（日時がわかる）

どこで？
（場所がわかる）

研究に2年もかかったんだにゃ

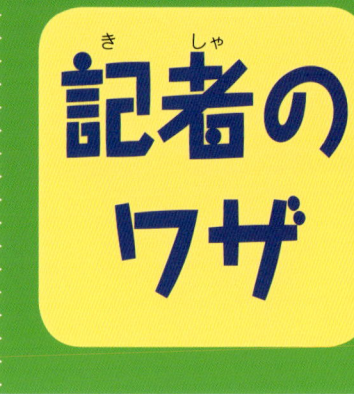

記者のワザ

記事を目立たせるワザ

新聞では、いちばん読んでもらいたい記事を1面にのせています。また1面以外でも、記事を目立たせる工夫がほどこされています。

ヨコの見出しで、白く抜いた文字で目立つようにした記事。

見出し

見出しは、紙面の右上において目立つようにしています。また新聞では、段数が多い見出しほど記事の重要さをあらわしています。ふつうはタテの文字で見出しが入っていますが、大きな事件や事故のときは、ヨコの見出しにして、より目立つように工夫しています。

また、文字を白く抜いたり（白ヌキ文字という）、字の書体を変えたりして、目立つようにしています。

記事をかこんで注目度アップ！

新聞の記事には、線でかこまれた記事があります。記事を線などでかこんで目立たせているので、かこみ記事といいます。かこみ記事は、とくべつな記事であることがわかるように工夫したものです。でも、のっている場所をよくみると、紙面の左上や右下など、紙面の角に多いのに気づきます。

それは紙面の左上と右下は目立ちにくい場所なので、できる

34

新聞記事の紙面例について、以下のような説明がついています。

- 紙面の右上の記事の見出し。
- 片側を線で区分けした記事。
- 右下におかれたかこみ記事。

本がどんな本であるかがわかるようにしています。

新聞では、本や雑誌の表紙にあたるのが1面です。1面の右上に、もっとも重要な記事をのせ、読者の目にとまるようにしています。もちろん、新聞社によって1面の右上にのせる記事はことなります。

では、新聞を開いたときは、どこに目立つ記事をのせているのでしょうか。じつは左ページの右上にのる記事が、見開いた2ページでいちばん重要だとされています。

写真を入れて、注目度アップ！

写真は文字よりも目立ちます。しかも、論より証拠で、写真は書かれた記事と同じように重要な情報を伝えます。記事に写真を入れることで、がぜん注目度は上がります。

記事の目立つ場所

本や雑誌では、読者に手にとってもらうために、表紙をできるだけ目立つように工夫しています。表紙には、本のタイトルや絵などで、できるだけその

本がどんな本であるかがわかるように記事をのせているからです。ほかに、片側や両側を線で区分けしたたたみ記事があります。連載記事などに利用されることが多く、かこみ記事と同じように、紙面の左上や右下におかれます。

【左ページ右上】

記者のワザ

読んでもらうワザ

新聞は、読者に読んでもらうために、見出しだけでなく、リード（前文）や記事をのせる位置など、さまざまな工夫を紙面にこらしています。

リード

記事の内容をかんたんに説明して読みやすさを工夫しているのがリードです。大きな記事にはリードがついていることが多く、だいたいどの新聞も同じように構成されています。

このリードだけを読んでも、記事のだいたいの内容がわかるように書いてあります。おとなが新聞をサーッと読んでいるのは、見出しとこのリードにだけは、目をとおしているためです。

だそうです。とても30万字といわれる新聞全部を読める時間ではありません。そこで新聞の見出しとリードに目をとおして、気になる記事を読む。または毎回楽しみにしている記事を読む。そんな読み方が多いのです。新聞をひろげると、まず、見出しが目にとびこんできます。見出しは、どんなニュースなのか、ひと目で知らせる役割があるからです。その見出しを見て、さらにもう少し内容を知りたいときに、リードが役立っています。

朝刊を読んでいるおとなの平均的な時間は、平日で、約25分

【新聞記事例】

中学生に「日曜授業」
理科好きの学力伸ばす

自然観察など体験重視

（リード文（前文）小さい記事にはリード文がないことが多い。）

毎日新聞 2012年(平成24年)12月25日(火) 東京 24

多摩動物公園に来年度新設

「アジアの平原」
野生の生息環境再現
モウコノウマ中心 オオカミゾーンも

都は13年度、多摩動物公園（日野市）のアジア園内に野生の生息環境を再現する「アジアの平原」（仮称）を新設する。ウマの中で現存する唯一の野生馬とされるモウコノウマ（モンゴル語でタヒ）やオオカミのゾーンなどを整備し、両動物が一緒に生活しているように見せる仕掛けも予定している。動物好きには新たな楽しみが増えそうだ。【斉藤三奈子】

多摩動物公園は81年、国内で初めてモウコノウマの飼育を始めた。8頭の繁殖実績（現在5頭が飼育）があるが、都は11月、日本とモンゴルとの間で共同研究に関する覚書に調印。スイスのウィルダネスパークなどから新たに4頭（雄1頭、雌3頭）が寄贈されることになった。

都はこうした動きを背景に、野生復帰の活動が各地で進むモウコノウマを中心とした新たな施設を計画。アジア園内の雑木林の一部を切り崩し、飼育中の12匹のヨーロッパオオカミなどと合わせ、野生環境をイメージした展示にしたい意向だ。そのため、展示場所を隔てる柵は設けず、両動物が共に生活しているように映る工夫を凝らすという。

モウコノウマは1頭の雄と複数の雌、その子どもたちで群れをなすことで知られる。都建設局の滝澤達也公園管理担当部長は「生息地の環境を参考にした新施設で野生復帰に貢献し、モウコノウマの保全に関心を持ってほしい」と話している。

モウコノウマは1879年、ロシア人探検家がモンゴルのゴビ砂漠で発見。アジア内陸部の平原から欧州にかけて広く分布していたが、乱獲などで1960年代後半を最後に野生下で絶滅した。しかし、捕獲した中から動物園などで繁殖し、欧米の施設などを中心に約1500頭までに回復。92年にはモンゴルのホスタイ自然保護区（約5万゚゚）などに「里帰り」するまでになった。

写真上：多摩動物公園で飼育しているモウコノウマ
下：多摩動物公園で建設中の「アジアの平原」（仮称）の完成予想図

地図やグラフなどでわかりやすく！

新聞の紙面が文字ばかりだと、読みにくく、読者にわかりにくいといわれます。そこで新聞では、記事の内容をわかりやすくするために、ひと目でわかる地図やグラフ、表などをのせています。

地図は、おおまかな場所を示すだけでよいか、それとももっとくわしい地図（上の記事の左下）が必要か、ニュース記事の内容によって使い分けています。

またアンケート結果などは、グラフや表にすると内容が伝わりやすくなります。

みなさんも学級新聞などを作るときは参考にしてください。きっと読みやすさがアップします。

> 地図があるとわかりやすいにゃ

おまけメモ　記事の重要度をわかりやすく！

新聞の右上の記事をトップ記事といいます。トップ記事のつぎに重要な記事は、セカンド記事といいます。セカンド記事はトップ記事の近くにのせています。社会面やスポーツ面など、紙面のテーマによってことなることもありますが、だいたいは、その紙面で重要な記事はどこだろうとさがさなくてもわかるような紙面作りになっています。

記者のワザ

記事のまちがいを防ぐワザ

新聞社が紙面で正確な情報を伝える工夫は、大きくわけるとふたつあります。

「犬の鳴き声を何時ごろ聞きましたか？」
「ええと、夕方かな」

「犬の鳴き声を何時ごろ聞きましたか？」
「5時〜6時ごろだったと思うわ」

「犬の鳴き声を何時ごろ聞きましたか？」
「たしか5時30分です。ちょうど仕事が終わった時間でしたから」

正確な情報を集める

記者がいます。取材記者は事件や事故の現場、スポーツの試合会場などに出かけていろいろな情報を集めます。ひとから話を聞いたり、記者会見に出席したりして情報を集めます。

集めた情報のなかから、取材記者は、新しくてもっとも正確な情報を選び出して、原稿を書きます。それは、まちがった情報を新聞にのせないためです。

取材記者が書いた原稿は、さらに各部署の責任者が原稿をチェックして、まちがいがないかどうか、確認します。

原稿を書くときのチェック

社会では、どのような職業でも失敗のないよう工夫がされています。新聞も同じです。

どんなに経験をつんだひとでも、やはり人間ですから、まちがいをすることがあるからです。そのため新聞社では、そのまちがいを新聞ができる前に発見し、修正して正しいニュース記事をのせられるよう体制をつくっています。

新聞社には、記事を書く取材

できた原稿をさらにチェック

校閲記者は記事を書かず、これから記事になる原稿と向き合い、文字や事実関係にまちがいがないようチェックするのが仕事です（27ページ参照）。

国の名前や地名、駅の名前や鉄道の名前などのほか、記事といっしょにのる写真の説明、表やグラフなど、調べられることはなんでも調べ、正しいかどうかチェックします。もちろん、マンガもチェックします。

そのなかでもっとも気をつかうのが人名と地名です。また校閲記者は、新聞の内容の最終チェックをする重要な仕事であり、記事が読んだひとに誤解をあたえないかなど、文章表現もチェックしています。

写真をとるときの注意

文章のほかに、写真をのせて情報を視覚に訴えることもあります。この写真の担当は、写真記者です。とくに人物の表情や現場のふんいき、自然のようすなどは、文章だけでは読者に伝わりにくいので、写真を活用します。

写真をとったらつぎのようなメモを記す場合もあります。

- いつ写したか
- どこで写したか
- なにを写したか

などで、どれも記録して、まちがわないようにしています。また、大勢が写っているときに人物を特定したりすることもありますので、やはりまちがえないように、写したときにきちんとメモをとっています。

ニュース（新聞）を早くとどける工夫

新聞は、読者に正しい情報を伝え、読みやすく工夫していることがわかりました。
ここでは、ニュース（新聞）を早くとどける工夫をみてみましょう。

最新のニュースをとどける工夫

7ページでみたように、新聞の左上には「12版」「13版」といった数字が書かれています。この数字は締め切り時間のちがいをあらわしています。数字が大きいほど、あとから印刷された新聞になります。つまり、同じ日の新聞でも、この数字が大きいほど、新しいニュースがのっていることになります。

新聞は、印刷工場からはなれた遠い地域から配達されます。遠い地域は最初の版が配達され、近くの地域ほど数字の大きい版になります。

こうして締め切り時間ぎりぎりまでまって、新しく印刷するのは、できるだけ最新の情報を読者にとどけるための工夫のひとつです。

報道機関にとっては、最新の情報を伝えることは重要なことです。そこで登場したのが電子新聞です。電子新聞は、印刷された新聞を電子化して、インターネットを通じて読者にとどけますので、これも早く読者にニュースをとどける工夫といえます。

同じ日に発行された13版（上）と14版の1面。記事が差し替わっていることがわかる。

電子新聞は、印刷された新聞より早くとどくにゃ

40

家と駅の売店などにとどける工夫

新聞社の印刷工場で作られた新聞は、トラックに積み込まれて新聞販売店にとどけられ、それからみなさんの家まで配達されています。

家以外でみられる新聞の配達

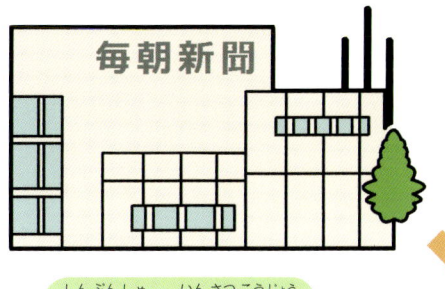

新聞社の印刷工場

↓

即売会社など

↓

駅の売店など

乗りもの

地域によってもことなりますが、朝刊は、午前2時から3時ごろに新聞販売店にとどけられ、そこでチラシなどをはさみこみ、午前6時ごろまでには配達が終了します。夕刊は午後2時ごろに新聞販売店にとどけられ、午後5時ごろまでには、配達が終わります。

駅の売店などで売られる新聞は、新聞社から新聞を仕入れて売る即売会社などによってとどけられています。

雨の日や雪の日でもきちんととどけられる新聞は、もっとも信頼されているメディアです。

おまけメモ 島や山間部へとどけられる新聞

過疎地や交通が不便な山間部には、新聞を配達するひとがいないところもあります。そうしたところでは、始発のバスに新聞をのせて運んだり、バスの便がないところでは郵便屋さんが運んだりします。

また、船で新聞が運ばれている島もあります。天候が悪いと船がでないため、新聞が何日もおくれてとどきます。でも島の人びとは、すでにテレビやラジオで知ったことでも、もういちど新聞で読むことを楽しみにしているそうです。島に暮らす人びとには、新聞は社会の動きを知る貴重な読みものなのです。

新聞コラム
かわら版

かわら版の第1号は、1615（慶長20）年、徳川家康と豊臣家の最期の戦いとなった大坂夏の陣で、合戦のようすを知らせたのがはじまりとされています。

ただし、そのころのかわら版には、「かわら版」という文字がなく、絵双紙など、いろいろなよび方だったようです。なぜ「かわら版」というのかは、わかっていません。

やがて、かわら版のもつ社会への影響力が深まり、見出しはおおいに人びとの気をひくように工夫されました。時代は下って元禄（1688～1704年）のころになると、人びとの知識欲が高まり、さらにはやじ馬根性もてつだって、かわら版は急激に増え、2、3枚をつづったものも登場します。

有名な赤穂浪士の討ち入り事件は、格好の記事ネタとなり、ずいぶんと売れたようです。また、江戸時代の終

1855（安政2）年の「安政の大地震」のときに出たかわら版。地震を起こすナマズをおさえこもうとする人びとを描いている（東京大学地震研究所蔵）。

42

わりごろの黒船の来航もかわら版の格好のネタとなりました。

いっぽう、だんだんと徳川幕府の批判記事もでるようになりました。かわら版の取り締まりを考えはじめた幕府は、政治事件と怪奇事件をのせるときは町奉行にとどけるよう指導しています。幕府の締め付けは時代とともにきびしくなり、かわら版であつかえる記事は、演劇の宣伝などになり、現代の新聞とはずいぶんとちがったものでした。ただし、災害などを報じるかわら版はゆるされていました。

さて、事件を見たり聞いたりしたかわら版の記者は、自分で書くのではなく、多くは専門の書き手にたのんだようです。書き手は随筆家などで、一時は、仮名垣魯文といった有名人もいました。書きあがった原稿は、つぎに彫師の手にわたり、文字が版木に彫られます。版木は、文字を掘った板のことで、この版木に刷毛で墨をぬって紙をあててすればできあがりです。

もちろん記者は、ちょんまげすがたで、「さあー、たいへんだ、たいへんだ！」といって人びとの注目を集めては、売ったそうです。

1854（嘉永7）年のペリーの再来航を描いたかわら版（神奈川県立歴史博物館蔵）。

インターネットでためし読み！

日本各地のニュースや海外のニュースをインターネットで読むことができます。

地方のニュースを読む

インターネットでは、一紙まるごとではありませんが、さまざまな新聞を無料で読むことができます。全国的に知られた大手新聞社の記事はもちろん、特定の地方や県を中心に愛読されているブロック紙や地方紙などもあります。

インターネットが普及した現代では、北海道で読まれている『北海道新聞』を東京や九州で読むことができます。

また、九州で読まれている『西日本新聞』や『宮崎日日新聞』を東北や北海道で読むことができるようになりました。

これから行く旅行先の新聞や、おじいちゃんやおばあちゃんが住んでいる県のニュースを読むと、おもわぬ発見があり、旅行では、お得な計画が立てられるかもしれません。

インターネットで見ることができるニュース記事の画面。上が福島県の福島民報で、下が沖縄県の琉球新報。

44

海外のニュースを読む

たとえば、2012年11月21日17時28分のロイターには、"中国で豚が次々と池にダイブ、品質向上の「エクササイズ」"というニュースがありました。

3メートルの高さから、少なくとも1日3回、多い日には30回もブタが池に飛びこむというニュースです。ブタのダイブはショーではなく、豚肉の味をよくするためだそうで、トレーニングしたブタの肉は、通常のブタの3倍の値段で取引されたそうです。ダイブするブタは、中国でもニュースになるほどめずらしいようです。

また、外国の通信社が日本語で配信しているニュースも読むことができるので、「いつか行きたいあこがれの国」のニュースを読んでみるのもおすすめです。

外国の通信社などの日本語サイト

ロイター
イギリスを拠点とする通信社のニュースが読める。

ウォールストリート・ジャーナル日本版
世界的に影響力があるアメリカ・ニューヨークの新聞『ウォールストリート・ジャーナル』のニュースが読める。

AFPBB News
フランスのAFP通信社のニュースが読める。

＊通信社　マスコミや企業にニュースを提供する機関。取材がむずかしい地域のニュースや大手新聞社が取材しないニュースなどが充実している。新聞社は、通信社から「ニュースを買う」こともある。日本では、共同通信社、時事通信社が有名（30ページ参照）。

さくいん

ア行

石巻日日新聞社 … 6、8、28、29
1面 … 14
一般紙 … 12、13
印刷機 … 34、35
インターネット … 20、21、40、44

カ行

外信部 … 14、23
かこみ記事 … 18、42、43
学級新聞 … 14、15
学校新聞 … 15、34、35
仮名垣魯文 … 30
かべ新聞 … 43
かわら版 … 24
官公庁 … 24、25
企画（記事） … 9、38
記者会見 … 12、13
業界紙 … 12、13

サ行

サード記事 … 35
三大紙 … 11
社会面 … 12
社説 … 7、28
写真（記者） … 7、37
取材（記者） … 14、22、24〜26、30、32
小学生新聞 … 13
書籍（広告） … 7、17
新聞販売店 … 22、41
スポーツ面 … 11、37

ア行（続き）

くらしの情報記事 … 10
経済面 … 9
校閲記者 … 27、39
号外 … 9
号数 … 7
国際面 … 15、17
コラム … 9
5W1H … 9
ダブリューエイチ … 32、33
… 6、9

タ行

- スポーツ紙 … 13
- 整理記者 … 27
- セカンド記事 … 37
- 全国紙 … 7、29
- 専門紙 … 13
- 総合面 … 28
- 即売会社 … 12
- … 8
- … 41

- 題字 … 6、16
- 段 … 7
- 地方紙 … 11
- 地域面 … 12、29
- 通信社 … 30、31、44、45
- デスク … 17、26〜28
- テレビ … 11、20、30
- 天気 … 7
- 電子新聞 … 21、40
- 点字新聞 … 13
- 東京日日新聞 … 18
- 特集記事 … 10
- 特派員 … 30、31
- トップ記事 … 6、37

ナ・ハ行

- 発行所 … 6
- 発行日 … 6
- 版（版数） … 7、40
- ブロック紙 … 23
- 屁茶無苦新聞 … 29、44
- 編集（会議） … 19
- 報道機関 … 16、20
- … 27
- … 40

マ行

- もくじ … 6
- 面（数） … 8
- 宮武外骨 … 19
- 見出し … 21、23、27、34、36、37
- マスコミ … 24

ヤ・ラ行

- 夕刊 … 17、19
- 横浜毎日新聞 … 18
- 4コママンガ … 11
- ラジオ … 10、20
- リード … 7、36
- 輪転機 … 16、23

47

構成・文
古舘綾子（ふるだて　あやこ）
1967年東京生まれ。著書に『でんでんでんしゃがやってくる』(絵・葉祥明)岩崎書店、『はすいけのぽん』(絵・山口マオ)岩崎書店、『いきもの歳時記（全4巻）』(絵・小林絵里子、写真・舘あきら)童心社、『妖怪ぞろぞろ俳句の本』(絵・山口マオ)童心社ほか。

絵
うしろだなぎさ
北海道函館生まれ。上京し専門学校を卒業後、漫画家のアシスタントをつとめながら創作活動にはげむ。2012年少年漫画誌で読み切り作品「ゆメユめ」が新人賞を受賞、月刊誌に掲載された。児童書では『名探偵犬バディ』シリーズ(国土社)のさし絵を担当している。

取材協力／毎日新聞社
写真協力／毎日新聞社、秋田魁新報社、石巻日日新聞社、菓子食品新聞、福島民報社、琉球新報社
デザイン／前原　博
編集協力／海象社

はじめての新聞学習
新聞ってなに？

2013年3月30日　第1刷発行
2020年8月7日　第4刷発行

構成・文　古舘綾子
絵　　　　うしろだなぎさ
発 行 所　株式会社 童心社
　　　　　〒112-0011　東京都文京区千石4-6-6
　　　　　電話　03-5976-4181（代表）
　　　　　　　　03-5976-4402（編集）
印 刷 所　株式会社 光陽メディア
製 本 所　株式会社 難波製本

©2013 Ayako Furudate, Nagisa Ushiroda
Published by DOSHINSHA Printed in Japan
ISBN978-4-494-01277-0

童心社ホームページ　https://www.doshinsha.co.jp/
落丁・乱丁本は、送料小社負担でお取り替えいたします。
本書の無断転載・複写はお断りいたします。
NDC070　48P　30.3×21.6cm

はじめての新聞学習シリーズ　全3巻

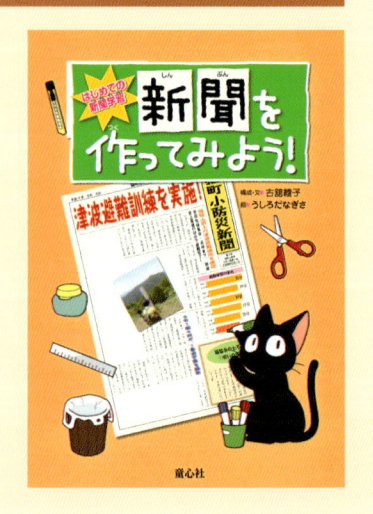

新聞ってなに？　｜　新聞を読んでみよう！　｜　新聞を作ってみよう！